# FELINOS

## DEPREDADORES

Lynn M. Stone
Versión en español de Argentina Palacios

The Rourke Corporation, Inc.
Vero Beach, Florida 32964

CRÉDITOS DE FOTOGRAFÍAS
© Lynn M. Stone: portada, páginas 4, 7, 10, 12, 13, 17, 18, 21;
© Tom y Pat Leeson: página de portada, páginas 8, 15

AGRADECIMIENTOS
La autora agradece al Tallahassee Junior Museum (Florida) por la ayuda prestada en la preparación de unas fotos para este libro.

**Library of Congress Cataloging-in-Publication Data**
Stone, Lynn M.
[Wild Cats. Spanish]
Peces/Lynn M. Stone; versión en español de Argentina Palacios.
p. cm. — (Depredadores)
Incluye índice.
Resumen: Presentación de gatos monteses, linces, jaguares y pumas, todos ellos felinos de Norteamérica en peligro.
ISBN 0-86593-320-0
1. Felidae—Norteamérica—Literatura juvenil. 2. Especies en peligro—Norteamérica—Literatura juvenil. 3. Animales depredadores—Norteamérica—Literatura juvenil. 4. Materiales en español. [1. Felidae. 2. Animales raros. 3. Animales depredadores. 4. Materiales en español.] I. Título. II. Serie: Stone, Lynn M. Depredadores. Español.
QL737. C23S78518 1993
599.74'428'097—dc20 93-15702
CIP
AC

# ÍNDICE DE MATERIAS

## LOS FELINOS COMO DEPREDADORES

Los felinos silvestres son unos de los **depredadores** naturales más mortíferos. Los depredadores cazan o matan a otros animales—su **presa**—para vivir.

Los felinos silvestres más conocidos en Norteamérica son el jaguar (yaguar, yaguareté), el puma, el lince y el gato montés. Para ellos, la caza de un animal determina si viven o mueren.

Los felinos silvestres, que tienen fino pelaje suave y una especie de almohadilla en las patas, acechan silenciosa y atentamente los alrededores. También tienen la capacidad de trepar, saltar y nadar.

*Una especie de almohadilla en las patas ayuda a los felinos silvestres a acechar en silencio*

## LAS ARMAS DE LOS FELINOS

Los dientes de los felinos silvestres son sus principales instrumentos para matar. Sus largos dientes frontales son fuertes, agudos y levemente curvos—perfectos para clavar a su víctima. Otros dientes cortan como cuchillo.

Las mandíbulas son pequeñas pero muerden ferozmente. Las del jaguar pueden despachurrar el cráneo de un animal muy grande.

Las garras son afiladas y curvas para sostener la presa. A diferencia de las garras de un canino, las de un felino son **retráctiles,** es decir, las pueden esconder como la tortuga esconde la cabeza dentro de su caparazón. Ya que sólo las sacan cuando sostienen la presa, las garras del felino permanecen afiladas.



*La mordida del jaguar es sumamente fuerte, aún para un felino de gran tamaño*

## CÓMO CAZAN LOS FELINOS

Un felino a la caza se puede esconder y esperar a su presa para emboscarla, o puede **acechar** a un animal. Al acecho se acerca a la presa pulgada por pulgada, con pasos cuidadosos y silenciosos. Cuando está cerca de la presa, le salta encima o la ataca.

Por lo general, un felino ataca a la presa por detrás o de lado y la mata mordiéndole el pescuezo.

Los felinos tienen un oído excelente pero, generalmente, encuentran su presa por medio de la vista. Los ojos ven muy bien aún con poca luz, así que muchos son **nocturnos,** es decir, cazan principalmente de noche.



*Un puma del oeste al ataque de una presa que corre huyéndole*

## LOS GATOS MONTESES

Los gatos monteses (bobcats en inglés) parecen gatos domésticos atigrados de patas muy largas, pero pesan hasta 35 libras, mucho más que un gato doméstico. Tienen la cola cortada, como sus primos cercanos los linces. (En inglés, "bobtail" quiere decir, exactamente, "cola cortada".)

Por lo general, cazan aves, conejos y roedores, casi siempre de noche.

Los gatos monteses del sur se encuentran en bosques y pantanos. En el oeste, se encuentran en desiertos y tierras montañosas. Desde el sur de Canadá hasta la parte central de México, los gatos monteses habitan en distintos medios, o **hábitats.**

*La cola cortada es el distintivo de este gato montés y de su pariente norteño, el lince*

*El gato montés se encuentra a gusto tanto en los árboles como en el suelo*

*El ocelote, en peligro de extinción,*
*es uno de los felinos más pequeños de Norteamérica*

## LOS LINCES

Un lince es como un gato montés, pero tiene mechones en las orejas—largos pelos negros en la punta de las orejas. Al igual que el gato montés, el lince es un excelente trepador.

El lince reside en los fríos bosques de coníferas de Canadá. Sus grandes patas peludas le sirven para andar fácilmente por la nieve.

Para cazar, el lince a menudo embosca a animales pequeños. Su presa favorita es el conejo ártico, o de "raqueta", otra criatura cuyas patas están perfectamente adaptadas para andar por la nieve.



*Un saltarín conejo ártico desaparece frente a un lince*

## LOS PUMAS

El puma tiene muchos nombres comunes: león de montaña, puma, pantera y, en inglés, "cougar." Es un felino de gran tamaño y fuerza con cola larga.

A pesar de su gran tamaño—puede alcanzar hasta 225 libras—el puma es garboso. Puede saltar 16 pies del suelo a la rama de un árbol o caerle encima a un venado.

La mayor parte de los pumas de Norteamérica se encuentran entre la parte oeste de Canadá hasta México. Su hábitat puede ser desierto, pantano, montaña o bosque.



*El puma se encuentra en muchos hábitats distintos en Norteamérica, desde Canadá hasta México*

LOS JAGUARES

El jaguar es uno de los felinos realmente *grandes.* Un macho adulto puede pesar 250 libras. Dos felinos son de tamaño mayor que el jaguar: el tigre y el león.

Los jaguares son más pesados que sus primos los leopardos y son muy parecidos. Como éstos, habitantes de África y Asia, pueden tener manchas o pueden ser totalmente negros.

Los jaguares se alimentan de armadillos, osos hormigueros y venados. En sus áreas no hay animal que no puedan matar, a excepción de cocodrilos grandes.

Hoy en día ya no hay jaguares en el suroeste de Estados Unidos; los hay en México, Centroamérica y Suramérica.



*Los jaguares pueden tener pelaje con manchas o totalmente negro*

## LOS FELINOS Y LOS SERES HUMANOS

Los felinos silvestres, por lo general, temen a los seres humanos y evitan encontrarse con ellos. Pero los jaguares y los pumas pueden ser peligrosos, especialmente para los niños.

Mucha gente admira a los felinos silvestres por su belleza, elegancia y fuerza. Desafortunadamente, en muchas partes estos felinos están en vías de desaparición.

A los felinos los han cazado por deporte y por la piel. También los han matado los rancheros para proteger a sus animales. Sin embargo, el problema principal de los felinos es la pérdida de lugares donde vivir.



*La "pantera de Florida", el puma del sureste de Estados Unidos, casi se ha extinguido*

## CÓMO SALVAR LOS FELINOS SILVESTRES

El hábitat de la vida silvestre desparece cuando los seres humanos lo convierten en ciudades y fincas o granjas. Por esa pérdida muchos felinos de Norteamérica se encuentran **en peligro,** es decir, pueden resultar **extintos.**

En México y Centroamérica, el jaguar, el manigordo, el tigrillo y otros tipos de jaguarundi, se encuentran en peligro. (El ocelote y el jaguarundi también se encuentran en peligro en el sur de Texas.) Igualmente, los pumas del noreste y Florida.

Las leyes que protegen a los felinos silvestres surten efecto, pero su futuro depende del de su hábitat. Éste también necesita protección.

## Glosario

**acechar** — moverse de manera lenta y silenciosa hacia la presa

**depredador** — un animal que mata a otro para que le sirva de alimento

**en peligro** — que tal vez se acabe y no exista más; muy escaso o raro

**extinto** — que ya no existe

**hábitat** — la clase de lugar donde vive, o habita, un animal, tal como un bosque del norte

**nocturno** — más activo de noche que de día

**presa** — animal o animales que caza otro animal para comer

**retráctil** — que se puede meter en algo o esconder

# ÍNDICE